David Groulx

mâmitonêhta kisêwâtisiwin

Cree Edition

nêhiyawastâw
Randy Morin

BookLand press

Published by BookLand Press
15 Allstate Parkway
Suite 600
Markham, Ontario L3R 5B4
www.booklandpress.com

Printed in Canada

Library and Archives Canada Cataloguing in Publication

Title: Mâmitonêhta kisêwâtisiwin / David Groulx; translated by Randy Morin.
Other titles: Imagine mercy. Cree
Names: Groulx, David A., 1969- author. | Morin, Randy, 1978- translator.
Description: Cree edition. | Series statement: Modern indigenous voices | Translation of: Imagine mercy.
Identifiers: Canadiana (print) 20190064250 | Canadiana (ebook) 20190064315 | ISBN 9781772310924 (softcover) | ISBN 9781772310931 (EPUB) | ISBN 9781772310948 (PDF)
Classification: LCC PS8563.R76 I43129 2019 | DDC C811/.54—dc23

Canada

Canada Council for the Arts | Conseil des arts du Canada

ONTARIO ARTS COUNCIL
CONSEIL DES ARTS DE L'ONTARIO
an Ontario government agency
un organisme du gouvernement de l'Ontario

We acknowledge the support of the Government of Canada through the Canada Book Fund and the support of the Ontario Arts Council (OAC), an agency of the Government of Ontario. We also acknowledge the support of the Canada Council for the Arts, which last year invested $153 million to bring the arts to Canadians throughout the country.

mâmitonêhta kisêwâtisiwin

kîkwaya kâ masinahikâtêki

ta wâskwatawêw

nikiskêhtîn ôma askiy

ta wâskwatawêw

nôtinikêwin êkwa nôtinikêwin pêkiskwêwina

wî nôtinitohk êkwa nôtinikêwin pêkiskiwêwak
kâ timâkisicik wî pasikowak êkwa kâ timâkisicik
wî nihci pakamahâwak
pakosihtamowin êkwa pakosihtamowin wî
wanihkâtêw
asotamowina osihcikâtêwa êkwa pîkonikâtêwa
nôtinikêwin êkwa pêyahtikêmowin pîkonikâtêki
sâkihitowin êkwa pokwâtitâtowin
pêyahtikêmowin osihcikêwak êkwa maci
osihcikêwak
waskwatawêw tosici ta tipiskâw
êkosi ôma askiy
kisêwâtisiwin ta astêw
mistahi kisêwâtisiwin

iyiniw ana, masinaham nakinikêwin wawêsi masinahikêwina

masinaham nakinikêwin wawêsi masinahikêwina
mistahi ki kipohkowinaw
namoya kinwês kipimâtisinaw

namoya ni masinahiyin
nicaniwân ê masinahamân itwêwina
kimipinaw sîwinâspinêwin, mipayisiwin
êkwa macâspinêwin
namôya ni ayân tipahikan ta masinahamân mipowin
êkwa kikway Rousseau ê itêhtahk
ôtî môniyâw nâpêsis-masiwêwin otihtinikêwin
êkwa otihtinikêwin
kakê atâwâkihk
kîspin ki sôniyâwin
êkwa nôtinikêwin sâkihitowin êkwa sâkihitowin
atâwâkihk
kîspin ki nohtê tipahîn
kîspin ki nohtê tihtipititiyin

nicaniwân ê sâkamisamân nipiy
ta osihtâyân ôma kinwâpahcikan
nakinikêwin masinahikêwina
osci ê kimotihk iskwêwak
êkwa ê nipicik ostêsak
nakinikêwin masinahikêwina
wâpiski nâpêsis
wâpiski nâpêsis
tânihki naystaw kâ kahcitinamân ôhi
kîskwayâw kîkway kiya osci
osci kîkwaya kâ ispayiki

namôya tipahikan ni ayân ka ayimihtâyân
ni wî kahtiniyin Guevara
êkwa ni X
tâpitâw simâkanisak ê pê takopayicik
êkwa kanawayicikêwak ê kinwâpamiskik
êkosi cî ki ôtînâw?
kikway ki nakinîn?
makîkway?

ki ayân cî ê kanâtahk nipiy?
awâsis wîcihtâsowak ki nâkatêmikok?
kimisak owiyâwâwa
sâsâkapayinwa nahinikêwinihk
wayawêtimihk ôtînahk?

kikway nika masinahiyin môniyaw nâpêw?
wawêsi masinahikêwina
wawêsi masinahikêwina osci Confederation
wawêsi masinahikêwak
ôma askiy
ôma askiy
ôma môniyâw askiy
makikway nôtinikêwin wiyôw
ayâw môskôw êkwa kiwâci awâsis
êkwa watôwi asakay
niya watôwi nâpêsis
ayâw pokwâtitâtowin êkwa pokwâtisiwin
nôtiskotâtowin, macâtisiwin, êkwa TB

kîkway ki nohtê masinahiyin môniyâw nâpêsis?

nakinikêwin wawêsi masinahikêwin

ni nakinîn kâ nipahiht Dudley George
ni nakinîn nohkom wîkowâw ka sakonikâtêyik
ni nakinîn kâ kipahoht
ni nakinîn iyiniw nipahisowin
ni nakinîn okâwîymâw askiy kâ nipahiht
ni nakinîn kâ katînamihk St. Louis
êkwa Kotamagata Maru
êkwa kâ nipahihcik wâtihkîwîyiniwak
simâkanisa RCMP
êkotî Estevan
ni nakinîn kâ miskawâtisit kihci ayimihâwiyiniw
êkwa kâ tipêhtamihk askîy
êkwa kahkiyaw John Wayne cikâstêpayihowina
ni nakinîn kâ kipahohcik
sîpatwânak
Ukrainians
Germans
êkwa Italians
kâ katêtahihcik
osci atoskê sihcikêwak
ni nakinîn anima kâ wayawîpayik ayimihcikêwina
êkwa kahkiyaw kâ wahkiyowisicik nâpêwak
ni nakinîn wiyasihcikêwina ka nakinahkihk
wîcihowin nipayisowin
êkwa kâ itêhtamihk sôniyawêwin osihcikêmakahk
sôniyawêwin
êkwa kîkway kâ ispayik sôniyawêwin
ni nakinîn pahkitêwipimîy kâ itakihtêyik
kistikân kâ itakisot
êkwa kîkwaya ka tipayikâtêki mihko osci
ni nakinîn kâwî otinêhcik ayisiniwak
pastâhowin
kihci kîsik

wî
mâtôw
maci manitowinahk
êkwa mêskocipayowin
ni nakinîn môniyaw wiyasiwêwina
maci manitow
môniyaw manitow
kâwi pasastêhkiyit wiya
ni nakinîn ka kaskihtâyân kiya
pokikway ka itôtaman
pokikway ka itwêyin
môsihtâyin kîkway
ni nakinîn niya
nicihcêhk êkwa nihcikwanihk mêkwâc
ni nakinîn kâ pîkopayiyân
êkwa kâ pîkopayin
ni nakinîn ni wiyâw
kâ kihtêyimikahk
kiskisowina ê ati mêscipayiki
ôma nitê kâ pâpîkopayik
oskâyowin ê mêstinikâtêyik
oskâyak
nitâhk ni pimisinin
ni nakinîn nipowîn
ni nakinîn pokwêti kâ itohtêyahk
kâ nipiyahk
ni nakinîn kâ tipiskak

pêyakwan nôtinikêwina

ni waniskân anohc
nôtinikêwina asamina cikastêpayicikanihk
pêyakwan êsinâkwahk ispihk kâ kî oskâyôwiyân
ikospê Vietnam êkwa ê kaskatêwak êkwa ê wâpiskâk
anohc Afghanistan/Irag itasinâkwana
ê nôtinitohk kâ kî awâsîwiyân
kîyânanaw êkwa wîyâwâw
wîyâwâw êkwa kiyânaw
ninâstân pokîkway awâsihkâna
nikamotân êkwa nôtinikêwina
nikamotân makikway kâ mispitonêcik/miskatêcik
makîkway tâmiyawa
êkwa itêhtamowin namôya itêhtamowin
kîkwaya kâ kî kiskêhtamân niya awâsis
namôya ni mistohtêhtiyin
kîkwaya kâ kiskisiyân awâsîwinihk
namôya ayawâk nikiskisin
wêpac
nika kiskisin nôtinikêwin
nôtinikêwin
nôtinikêwin
nôtinikêwin tîpiyahk?

kîspin ki nitohtên, kîspin kitwân

kîspin kotak ki mayimik
ê mayihtahk ki maci ayisiniwêwin êsi nâpêwak
kiskinwahamâk wâkâsak ê miyosicik
êkwa namôya ê miyosicik kotakihk
êkwa ka nipahikowin askihkânihk itohtêyini
nôtinikêwin pêyakwan kotakihk
pokwâwiyak
kîspin ki ôtahowân ôma nôtinikêwin
pokwâwiyak paskiyawâwak
kîspin ki paskiyâkowin ôma nôtinikêwin
kâwi kâ kî mâkonâw mâkonikan
asamîna mêtawê mêtawâkanihk
kîspin ki pîkiskwân, ka pihtâkowin
mâka kahkiyaw askiy ka kâmwâtipayin
kîspin ki nitohtên, ka kiskêhtên askiy kîpihtêmakahk
kîspin ki waniskisin, askiy ka kiskisôw
kîspin kiskisin, ka waniskisin askiy
kîspin ki pîkiskwân, nika pihtâtin
kîspin ni pîkiskwân, ka pihtên askiy
kîspin ki nipahin, ki nipahên askiy
kîspin ki kipahon, ka paskiyâkân
askiy ta wanihâw
kîspin ki tâpowakêhtên, askiy namôya ta tâpwihtâk
êkwa kiya namôya ta tâpwihtowin
kîspin ki pokwâsin, ka pokwâtison
kîspin kipokwâtison
ka pokwâtên
pokwâtowin
êyako poko ka kî itwêhk

mâmawikâpowik âsohtâkânihk

ayisînowak mâmawikâpowak âsohtâkanihk
kâ tahkohtastêki mêskanâhk 401
ê miciminahkik askiy pokwâyâna
ê mâtocik
kâ pimohtacik wiyâwa
okâwiya namôya ayâw êkota
masinipayicikêwak tosci nikamowak
oh kanâta
oh Kandahar
kotak simâkanis akâmaskihk osci
itêhtamok wiyâw pihcâyihk kwayakîyiniw
kâ nipicik simâkanisak nayistaw êkosi
pihcâyihk poko wiyâw
êyakwa pokwa êskoniht
êkwa tipiskâki êkwa kâkikê o pimâtisowinihk
okâwiya namôya ayawâk ka okosôw

kîkway namôya kâ nitawêhtamâhk

namôya nitawêmitin ta itohtêyin êkotî
namôya ê nitawêmitân ka sipwêhtiyin ôta
namôya ê nitawêmitân ta itohtêyin nantaw
namôya wihkâc ê pihtamân itê
itê namôya wihkâc itohtêyân
itê namôya wihkâc nika itohtân/macinâhk
itê ê pokwâtamân
namôya wihkâc ê nitawihtamâtân
ka nipacik ayisîniwak
namôya ni nâkatêmâwak
kîkway mâka oma nôtinikêwin osci?
namôya nikaskihtân ka waniskisiyin
kîkway ki mâmitonêhcikanihk
namôya nikaskihtân tânsêsi ka êsi
kanâcihtayin mihko
kicihciya ahpô niya
kitwân ê itotaman ôma niwîhowinihk
niya nitôcikan pihtow makikway itwêyân
namôya ayiwâk nika pônôtiyin
namôya nitawêhtiyin ôma nôtinikêwin
namôya wihkâc nimâmitonêmâwak
Taliban êkwa Al-Qaeda
namôya wihkâc ê nitawêmitân ka pê itohtiyin
kîkinâhk pihciyahk nipôw otâpânaskohk
namôya wihkâc ê nitawêmitân ka pê kîwêyin
ta maci mâmitonêhtaman kistikwânihk
namôya wihkâc ê nitawêmitân ka pê kîwêyin omisêsi
ê pîkopayin
namôya wihkâc kâwi kwayisk ka astâyân

kwayakîyiniwak êkwa paskêwîyiniwak

simâkânisask namôya kâ nipahihcik
namôya kiyâwâw namôya kwayakîyiniwak
onîkânêwak apacihtâwak êyikwani itwêwina
ka mêskotastâcik wiyâwa
ê pimâtanîyiki
namôya kiyâwâw namôya kwayakîyiniwak
pihtow osci ê paspêyik
kiyâwâw paspêwîyiniwak

kîkâc takohtêw osci Afghanistan

mistahi mâ mîkowak ôtînâwîniwak
ka atâwêcik wâskahikan âmacawêpicikana
pihcâyihk ê tawak wâskâwêpicikan tihtapowin ohci
atoskêwiyiniw wîcihtâsow
ta osihtât wâsakâmi wâskhikani asiniya
ka pê kîwêt osci Afghanistan
ospitona êkwa oskâta êkwa opowâmina
astêwa êkota
nisomitanaw nistosâp piponêw
êyakwa poko ka kîtôtahkik
êyakwa ôma
mistahi kâ kê itôtamok

atiht wanihtamok

atiht ayisîniwak wanihtamok
sôniyawêwin osci mâmawi itôtamowin
ôtinikêwin osci pakitinikowisiwin
sôniyâw osci mistikamâwêwin
wiyasawêwina osci kwayisk itôtamowin
atiht ayisîniwak wanîwak omisêsi
atiht ayisîniwak wanihtamok nôtinikêwin osci
askîy sâkihowin
êkwa simâkanisak êkwa kwayakîyiniwak
kahkiyaw kwayakîyiniwak nipowak
atiht ayisîniwak namôya tâpowakêhtamok
sohkâtisiwin kâ mihcêtihk
mâka paskisikana
wanisiniwak
atiht ayisîniwak tâpowakêhtamok
sâkihitowin ka paspihtâmakan askiy
tâpwê mâka
tâpowakêhtahkâw
sâkihitowin ta paspihtâmakan askiy
namôya wanihtamok

nipiy

ôta
astêw wihtamâkêwin ta pakahtahk nipiy
pakahta ki nipiy
kihci okimânâhk isêkâtamok ôma yahkohtêwin
wîsaki mihtawakaya
ômikêwina
awasisak ayâwak
kihci okimânâhk isêkâtamok ôma
yahkohtêwin
makikway nipîy ê pimiciwahk
makikway kâsiyâkan wiyâkan
makikway sîpîkinastâkan
têpiyahk sâkahikan nipiy ta kanâcêsohk
kahkiyaw iyiniw awâsisak nihtâ pakâsimowak
poko ta kaskihtahk
tâskoc kâ kinâtahk nipiy

ayimihâwin cikâstêpayicikan

nâpêw nôkisow ni cikâstêpacikanihk
ê atâwakêt ayimihâwin nipiy
nêstanaw sôniyâw pêyak minihkwâkanis
ka mistikomâwin, ka paspêhkon
mitoni ê mahtâwahk
namôya mahtâwâna ôhi kîkwaya
âsay nikiskêhtîn
nipiy ê mahtâwahk

wâskahikana iskohk Attawapiskat

wâskahikana iskohk Attawapiskat
maskwamiy mêskanawa
namôya kinwês apacihcikâtêwa

môniyaw kihci okimâw pimipayôw
pêyak otâpânaskwa wiya
pihtow ê kihcêmât iyiniwa
itôtam pihtow
kiskêhtam tâmayikohk êsi tahkâyak êkotê

pihtam yôtin êkotî James Bay
êkotî osci 22 Sussex
pimipayôw kapêtipisk êkwa kapêkîsikâw
namôya ka nakêw ta ayawêpit
namôya ahpô ta pêkiskwêt

ahpô tâkopayihêw môswa
ta takopayit wêpac
tahkopitêw môswa
otâpânaskohk
iyiniwak ta miyoskôwak
itwêw

tânsi anima ta iyiniyohk kâ kanâtahk askiy

ki sîkisin
namôya kiya môniyaw
ê mihcêticik kotakwak
nayistaw
namôya ê nitawêmikowiyin
mâka kîya
nayistaw ê kwêcimikowiyin kîkway
tâskoc
kîko iyiniw kîya
kîkway ki iyiniw wîhowin
kîkway ki tôtîn mêscâkanis kâsohtêt mêskanâhk
kiskêmâw cî ana/awa/ana osci Vancouver
ahpô Winnipeg? ahpô Montreal?
mayôw kîya iyiniw kâ kanâtahk askiy
kikiskêhtîn simâkanisak namôya
pêyahktik pimipayowak
êkota Port Arthur ahpô Tuxedo
kikiskêhtîn ê nitawêmikowiyin kotakwak osci
êkwa ê wihcisiyin ta môsahkinikowiyin
ê kwayak kâsiyin ki môsihowinihk
wayawêtimihk
ayisînîwinahk
êyakôma namôya kinwês ta pimâtisinaw
kihcihtâkwan

tânsêsi êsi pîkonikâtêk kâ kanâtahk askiy

môniyâwak tâpowakêhtamok iyiniwak
askihk osci wiyâwâw
tâskoc maskihkiya êkwa pisiskowak
wâpikwaniya êkwa maskihkiya
osihtâwak pisiskow askihkâna
askihkâna osci iyiniwak
êkwa mêtawê askiya wiyâwâw osci
osihtâwak pisiskowak kipohtôwikamikwa
kayâsiwikamikwa êkwa tamâki
waskahikana ta wayawinikowiyahk
môniyâwak itêhtamok kiyânaw osci askihk
êkwa wiyâwâw osci ohpimê
ohpimê nakoc ê miywâsik
nitêhtiîn ê patahikêcik

mitoni môcikahk kinwâpacikêwin ôtinâhk

ahkosiwtâpan pimipayow
makîkway ta pihtâkwahk makîkway sêwêyâkan
kakîwak akâmayihk mêskanâhk
kîkway ispayin
namôya ayiwak cîkihtam
namôya ahpô iskwêw
kâ pimisinit ahkosow nipêwinihk
ayiwâk ati mayipayin ôta
onîkânêwak kihkawitamok
kîkway ta itôtahkik
tahto nêwo askiy kîkwaya itôtamok mâna
ahkosiwtâpan tahto kîsikâw
maci pihtwawin otatawâkêwak
kâ atâwâkâtisocik
kâ timâkisicik namôya wihkâc sipwihtêwak
naystaw ôta ni ayâyân
namôya pônipayin
nimaskowisinân
kâkikê
owêcihtâsowak takohtêwak êkwa sipwihtêwak
nêstosowak
paskiyawâwak
sipwihtêwak
nipaskiyawânânak
nêstohâyahkik
astam simâkanisak
kahkiyaw astamik!
namôya ka pîkoninân
nîyanân mistikomâwak
ni pêwâpiski astotina wâsîyâna
tâskoc simâkanisa sihkêpayisak
wâsakâm ôtînâhk
wâpaminân misi ôtînâw
ni nipinân

ni wanihonân
ôta ni ayâyân
pê sâkêwêk
sîkisik
ni timâkisinân
ka simôcihitinân
mâsihtinân
ohcikiwâpowina iskohk
ki sâkihinân
ki sâkihinân ka kisowâsiyâhk
kâ itwêyâhk
ni miywihtênân kâ tipêmitâhk
ki sasâkisân ki pêkiskwêwina
ki kicikâwin
asinisak
tâmiyawa
êtisa owêcihtâsowak
êtisa simâkanisak
êtisa mohcohkânak
nîso mitanaw niyânanosâp âsay niyanân
cîstowisowin
pihtwâwin
êkwa
kaskapâsowin
atâwâkatisiwak
namôya niyanân kika mitâtaht iskohk niyânan
niyanân niso mitanaw nêwosap
êtisa onîkânêwak
ki ayimihâwîyiniwak
êkwa kâ timâkisicik awâsisak
namôya ni tâpwihtawânânik sowâc
waskwatêpayicikana waskwatawêwa
waskwatawêw ispimihk
waskwatawêw
ispimihk
ni sâkihitowina mistahi
kiya namôya

miywihtamok ê kanâtahk

miywihtamok ê kanâtahk
ohpimî ascocinisa
ohpimî môtiyâpiskwa

miywihtamok wâsiyâw êkwa oski
maskosiya ka isinâkwahki ânâskâna
otâpân mêskanawa tâskoc mohtikwâwa

namôya itawêhtamok pihcwâkanisa mîna
pâmi akihcikêwak
anihi makîkwaya
ta wihtahkik mancôsak namôya nântow ahkosiwin
ta wihtahkik ê tapahahkik sôniyaw masinahamowina

namôya itawêmêwak iyiniwak êkota
ayawêwak kohkos kanawêcikêsa
êkwa simâkanisa êkosêsi

miywihtamok wâsiyâw êkwa makîkway
sâpo wâpamiskik
tâskoc namôya êkota ê ayâyin
namôya wihkâc ôta ê ayâyin
miywihtamok terra nullius

miywihtamok wâsiyâw êkwa kanâtahk
tâskoc mr. kanâta
wâpiskâw
makîkway
makîkway

môniyaw iskwêw ayâw askihkânihk kâ tipiskâk

namôya ôtî ka kî ayân kâ tipiskâk
môniyaw iskwêw
namôya ki nohtê kiskêhtîn
pimâtisiwin ôta

wihtikôw kinawêhcikêw ôta
êkwa ka kitimahtâsocik
ekota pimohtê wâskahikan
iskohk nipiy kanâcihowikamikohk

maskwa pimohtêwak nohtê mayahkamisiwak
kayâs osci kîkwaya
namôya ôta ki nohtê ayân
ôta môniyâw iskwêw
nîpowistamâsowin kiyâpic itahkamikan

wîcêw nôtokowak
pihcayihk wâskahikanihk
nânapâcihtâcik ayapiya
kîkisîpâyâw osci

nihtiy êkwa kistêmâw itohtê
osihtamôw nôtokowak pihcwâkanisak

pwâmayisk wiyâwa ohpayiki
êkwa tipiskâw pîsim ispimihk
atimwak papâmohtêwak
mihcêcik

otina pimiy
êkwa pahkwêsikan
nohkomok ê mîskik

pwâmayisk tipiskâw
êkêsipayik

nitohta nohkomok opîkiskwêwiniwaw
êkwa ka tâpowakêhtakik kîkwaya
shaaa-ehhhhh

akonawiso akohpa
oski tihtapowina
môniyâw iskwêw
nitohta kâ tipiskâk
ê pê takopayik ôta

wâskwatawêw namôya tâpwihcikâtêw

ayimihâsak tapwihtamok
ê wî pônipayik
tipahikan
kwayaskiyak
ka pônipayin
wêpac
kiyapic êkwa kiyapic êkwa kiyapic
pihcâyihk apisâsinihk

wâkapitamok waskwatawêw
kaskihtâwak ta akihcikêcik
kâkikê
tâpowakihtamok manitôw akihcikêt

tâpwêwin
tâpwihtamok
wiyâwâw
miyonohk ê ayâcik

namôya wihtamâkêwina

kâ kî kiskinwahamâsoyân
nayistaw ê patahamân wihtamâkêwina
ni ayân mistikôsîmowin wihtamâkêwina
êkwa anihi iyiniw wihtamâkêwina
ayakwa anima ka itwêt ni nahkawê okawîymâw
êkwa ni mistikôsîmôw ohtâwiymâw
niso wihtamâkêwina kwêcihkêwinihk

tânsi êsi astêki nisto wihtamâkêwina
môniyaw ayimihâw wihtamâkêwin

pêyak kîsikâw
poko ka pîtâyâhk ayimihâw masinahikana
kotak
ni wayawihtahikowin êkwa ni pasihkwayihowin
pihtow ê pîtâyân kotak masinahikan

ni kiskêhtîn
kiskinwahamâtowikamik ê wînahk
makikway wihtamâkêwina ayâwak

maci kiskinwahamâtowikamikwa wâtihkêwin

tâniwihâ wiyâwa?
ki kwêcimin
namôya ni kiskêhtîn
êkotê astêwa
nâway wikamikwa
kistikânihk
êtî awâsisak kâ kî atoskêcik

askiy namôya astêw kikway
nohtê pwâkamow
kicowâsimisinawak

wiyâwa astêwa êkota
sisonê ayimihâw sâpipayowin
êkwa iskwêyâc itôtamowina

nipahtâkêwina
micihcêsa
askihk

miskîsikwa kiponâkwana
pêyahktikêmowin ka ayân

manitôw pônihtamâkêw atiht
namôya kâ mêkowicik

pêyak asiniy êkota

pêyak asiniy êkota
êkota
John
ka nipahtamônihkêt ayinânêw iyiniwak
nîpowistamâsoiwin ka pônipayik
ôta
ê pîkopayit asiniy kâ wihtahk
môniyâw askiy
ayinânêw wiyâwa mâmawi astêwa
kihkwahaskân

kâ pimihât ahcahk
kîsikohk kâ pimohohtêt
mâyi acos
kisiwâsi nâpêw
pêwâpisk wiyâw
wâki miskât
maskwasis
nâpêw makikway kâ ayât mihko

ohtâwiymâwak osci môniyaw askiy

simâkanisak otinêwak awâsisak
osci môniyaw ayimâwak
maci kiskinwahamâtowikamik cîki

ta wâpahtâhkik maci ispayiwin
osihtâwin askiy

kîkway nikaskihtân ta kiskisiyân

ni kiskisin nâpêwak êkwa iskwêwak ê minihkwêcik
minihkwêwin tosci
êkwa Pepsi ispakwan sîwâw
êkwa anihi môtiyâpiskwa niyânanosâp
pêwâpiskosa takihtêwa
mâka kâwi ki kahtinâw niyânan pêwapiskos
kâ wâyinohtâyin

pipona
tahkâyâw pihci

nîpina nakoc
cipâsina pihci
êkwa askiy nakoc pakitinikowisin
pihci mêkwâc

nikiskisin askiy ê miywâsik
êkwa ayisîniwak ê maskowisîcik pihci
anohc

nikiskisin kiskinwahamâtowikamik ê kwayaki
macikamik ôta askîhk osci
nâpêsis

nikiskisin sîpîya êkwa sakâs
êkwa ayisîniwak pokwêta
namôya nika waniskisin
ê osihcik kâ êsi pimâtisiyân mêkwâc

pihcâyihk mînisihkânihk

tahto nikotwâsik kîsikâw kâ kî oskâyôwinân
kâ kîkisîpâyâw mîcisoyân
masinipayicikanihk astêw
mînisihkân
ê misâk wâpiski wâskahikan
mîtosak pokwêta ê nôkosicik
êkwa ê takahkinâkwahk maskwasiya ohpikihki

nikinwâpahtîn mâna
kâ mîcisoyân
ê mâmitonêhtamân mâna awîna êkota ê wîkit
mâskoc itikwê môniyâwak
nitêhtîn
môniyâw mâskoc
omisêsi wîkowak

êyakwa mâskoc wâskahikan
nikâwiy kâ kî kanâcihtât
misâk, wâpiskâk, kîsikâw pîsim ê wâsiyât

namôya ayawâk osihtâwak mînisihkân kâ kî
wihkistamân
ahpô pôni astâwak pihcâyihk pêwapiski maskimotihk
nikâwiy pôyôw otatoskêwin kotak miskam ê
miywâsiniyik
nimâmitonêhtîn
môniyâw omisêsi pimâtisicik

manitôw kîsikâw nitawihtamowin masinahikan

nikiskisin Sears manitôw kîsikâw
nitawihtamowin masinahikan
kâ kî awâsôwiyân
kâ kîsi kinwâpahtamân mêtawâkana
nikinwâpahtîn ahkwatihcikana
anihi kîmôtâpi iskwahtêma towinakâtêki
nayistaw sîwâpoya ê minihkwêcik
namôya itikwê niyânan awâsisa ayâwâcik
namôya kinwês sîwâpoy ka iskopayin
makikway iskopayowina
makîkway minihkwêwina
ahkwatihcikanihk
namôya kwayisk nitêhtîn

nîsokâtis

kâ kî awâsîwiyân
nikiskisin ê pimipayân nîsokâtis
mitâtaht mêskocipayin pokwêtî ôtînâhk
nîkîhkwahk nântaw ayâwak
kâ kipahikâtêk minihkwêwikamik
êkwa ni pâmipayin nikotwâsik tipiskâw
kostâsinâkwahk kinwâpahcikan
pâmipayin
pokwêta ôtînâhk
pêyahtakwan
tipiskâw
cahkâsin
nimîywîmison naystaw tipiskâw ê pâmipayân
kotakwak
nipâwak
ispayin sisonê kamikohk
makikway
ôtînâw mêskanawa makikway ayisîniwak
ispayin misi atâwêwikamik
makikway
têpiyahk waskwatawîpicikana
êkwa kamâmâkohkânahk
nîsokâtis pokwêtî nitohtahik mêskanâhk
mâhtawi itôtamowin
tipiskâw
pêyahktikwan
tipiskâw
makikway

kihci kamik pimâtisiwin

ni tohtânân ayimihâwi pokwanikamik
nikâwiy êkwa niya
ministikohk
pihtow nikiskinwahamâkêwak tâpowakihtahkik niya
ê pihtamân âpihtaw askiy
êkwa âpihtaw kihcikamik
ayimihawistamâkanak astâwak ocihcêwâwa niya
nihtawakâhk
pihtow
niya
namôya
pihtamân
kikway
kahkiyaw

maskawisêw Jesus
namôya ka kî nakinam
askiy pihtakwan
ahpô kihcikamik
nikâwiy wanih-tâw tâpowakihtamowin
itohtahik kâ ahkosicik awâsisak
êkotê Toronto
kihcikamik êkwa poko nipîkiskwâtikon

êta kâ pônipayik mêskanow

nikiskêhtîn ôma gulag
waskwatawêw wâpahcikan
pihwâcanisak ê atâwâkihk
môniyâwak êsi
iyiniwak ê pihtwâcik
kihci okimânâhk atawêwikamik
nikiskêhtîn pahkitêw pimiy
atâwâkêwak nipiy
gulag pahkitêw pimiy
nipiy pakahtêw
ka minihkwihk

êyakwa ôma wikamik kâ miskahkik
minamata - anima pihcipowin ahkisowin
êkwa êyamahk ahkisowin
namôya ê nohtê nipik
tâskoc kiyânow

sakâw naystaw ê nitomikoyahk
mêskanw iskohc êkotê

askiy môniyâw manitow kâ miyât Cain
êkwa kiyânow anima gulag

ohpikihk mêskanaw ayisîniwak

mr. Findley wîkôw akâmayihk mêskânaw
namôya tâpwê mêskanaw
nakoc ôtâpêwikamikohk
nikiskisin êyakwa
ê mîkoyâhk pîcikwâsa ayimihâwi kîsikâw

sisonê wiya wîkîwa kihtê ayay Tilley
mitâtahtamitanaw minôsa
ê sâkihât minôsa êkwa ê pokwâtât awâsisa
niyanân wâwês

êkwa kihtê ayay Ben
pokwâwiyak nakoc kihtêyayowi
pihci kîya kâ awâsîwiyin
kiskwêpêw tôsci ka pâpâskiswêw ominôsa
itâp, ka itohtêw otapêwikamikohk minihkwêwin
ê osihtât, ka nitaw wihpêmêw
ahpô minôsak ê ômiswât?

pêyakwâ kayâsi Ben ê kowipêt mîcimâpoy
kotawânâpisk êkwa owaskahikan ê kwahtînîk
nohtâwiy êkwa mr. Lundy paspihêwak iskotihk
ohpimê ispicôw
ôta osci mâyinohk

atihk iyiniwak wîkowak êkota mîna
ê kakwê môniyawipitêcik môniyâwa
nitêhtîn ê kaskihtahkik
ahpô ê saskatêhtahkik anima wikamik
sipwihtêwak

mêskanâhk
sisone wipinikêwinihk
apisîsit kiskinwahamâtowikamik otâpânask
nitohtahikinân
mêskanahk êsi kiskinwahamâtowikamikohk
kotakihk macinâhk

nohtâwiy ê miskahk kotakihk ta wîkiyâhk
ôtînâwîyiniwak, mâka namôya
mêskanaw ayisîniwak, namôya wihkâc
ôtînâw ayisîniwak, êyakwa Dante's hell

mêskanaw ayisîniwak wanihtâwak kîkwaya
êkwa poko
ê tahkopisocik wahyaw poko

mêskanaw nipôwina

môniyâwak kâ miskahkik osâwâw pêwâpisk
Tsilhqot'in askîhk
osihtâwak mêskanawa kihkwahaskân

ôma kaskatêwâk mêskanaw
môniyâwak kâ osihtâcik iyiniwak ê tipahahkik
telloot
klatsassin
tah-pitt
piele
chessus

mêskanaw nipahcikêw pokikway omêskanâhk
pisiskêsak, maskwak, sikâkwak, wacaskwak
mêscâkanisak, wâposak, apsimôsisak
namôya ka ki paspêk

mêskanaw pokwâtam pimâtisiwin
mêskanaw pokwâtam tipahikan
nohtê misiwanahkamikist

mêskanaw nohtê tapasêw
mêskanaw makîkway kiskisôw

mêskanaw pokwâtêw mîtosa
mêskanaw pokwâtam askiy
mêskanaw makikway nistohtam pîkiskwêwin
ayâw opîkiskwêwin
mayikwêwin
wîsakihtwâwin
mêskanaw tahkohcipayihat

mêskanaw makikway pônipayowin âhpô mâcihtâwin
mêskanaw mostâpêkosêw

mêskanaw kiskêhtam pimâtisiwin
êkwa mosci wiyâs

mêskanaw ayâw kikwaya ê nohtê itôtahk
ka nipâhtât pokîkway omêskanâhk

wayawêtimihk minihkwêwikamik Sioux lookout

wayawêtimihk minihkwêwikamikohk Sioux lookout
ayâw pêyak iyiniw nâpêw
ê atâwâkêt sapîkahêwina
ka mistâkihtêwa nîkânihk mâka namôya anohc

anohc itakihtêna
pêyak môtiyâpisk

anohc itakihtêna anohc
mistikimâw iskwêw nihtî minihkwâkana

anohc itakihtêna anohc
ana asiniy kâ kâ pimosinâtiht Mary Magdalene

anohc itakihtêna tipiskâw
ana okîsikôwa kâ pihtikwâkot Mary
êkwa joseph namôya kâ kiskêhtahk

anohc itakihtêna tipiskâw
Marilyn Monroe kâ nipit

anohc itakihtêna
kâ môniyaw pakiskawîhowiyin Jordon sipîhk

tipiskâki ka itahkihtêna
ê miyosit iskwêw nimîhitot

pêyakwan kikwaya

pihcwâkanisak âsohta askihk
tâskoc Palestinians kâ kâtâcik wiyâwa
kikway poko kâ pitosi New York ahpô Egypt

wihtamôw môniyâwak askihkânihk ka itohtêcik
sôniyâw mêtawêwikamik
itohta êta kâ miywihtahkik
tosci kâ kî kisiwâsowak ê misi wanihâcik sôniyâwa
êkwa kâ tipahahkik sôniyâw masinahamôwina

ati wayawêtwâw
pihtikwîpayi môniyâw ôtînâw mîcowina osci
ka kinwâpimikowin êkwa ka kwêcimikowin
kîko îyiniw kîya?

kâwi kîkawâhk
mâka nakoc Soweta askiya
anima mîkisiw wacîhk askihkân

nikiniwâpahtînân askiy
osci ohpimiy osci masinahikanihk
êkwa nikiskêhtînân
kahkiyaw kikway kâwi wâyinipayina ôta itwêwin

kitâpayicikêwin osci makîkway kâ ayât

mistikimâwak môwêwak kâ timâkisît
kâ timâkisicik kocihtâwak namôya ta mowihcik
osihtâwak mîcowin osci ki mihkonow
osihtâwak ki wîyinow osci maskihkiyaw
êkwa pâmâcihowina
êti kâ wâpahtamihk cikâstêpayicikanihk
êkosêsi ôma

kâ mistikimâwicik
kanawêhtamok ôskana kâ timâkisicik
namôya atoskêwina
namôya cikâwin
mistikimâwin namôya
otasakay ka pasastîhkâtêk
namôya êkwa namôya
kâ môwâcik ayisîniwak êkota

môniyâwak pîsim kisikwan

nipahpin kâ wâpamikik môniyâw pîsima ê kîsikocik
itêhtahkik ê miywayâw nâkosicik
namôya miywâsin ka watônâkosihk ôta askihk
pîtosi kîkwaya ka ispayihkon tâskoc
ka patahtayin nipiy tahtwâ minihkwêwini
wâskahikana ê wînihi
kipohtowikamikwa
ahkosiwin
môniyâw ahkosiwin
kîskwêyâwin
êkwa ê cikâw nipicik
awâsisak

anima kiskêhtamowin

iskwêsisak ohpikowak êsi môniyâw wînisak
pâmâcihowak, pimâtisiwin namôya nanaskamowak
êkwa sâkihtâwak pihcâyiwikamik

nâpêsisak ohpikowak êsi kihtê ayak
êkwa wînisi kihtê ayak
atoskêwak osci kanawêmikosiwikamikwa
môniyâw wînisa êkwa
wihpêmitowin osci ka pîkonâhkik asotamowina

êkwa awâsisak kâ nôkosicik ota nipiy mahkâskâwa
ka kinwâpahtamok cikâwi pôni îhiwin
itôtamohkâsowin ê kiskêhtamihk
kikway nipôwin ka âskowihkon

âcimowina askiy êkwa ayisîniwak

kâ mâci kihcihtâkwak wawêsi masinahikêwin ôta askihk Saskatchewan.

ayisîniwak sâkahtâwak itêhtamowin mâwiyak wîkicik paswahk askiya ôta kâ kanâtahk askiy. tâskoc Newfoundland, ahpô kîwîtinohk, namôya awiyak tâpwê wîkiwak, ahpô kiskêhtamok kîkway ispayiki êkotî, ahpô cihkêhtamok.

pîtosi ayisîniwak sâkihtâwak itêhtamowina makîkway ihtakohk askihk, itêhtamok wiyâwâw ê tipêhtahkik askiy.

pîtosi ayisîniwak itwêwak ê sâkihtâcik paskwâw pimâcihowin, mâka mihcêt wîkowak misi ôtînâwa sâwanohk êkwa mihcêt pokwâtamok sakâwa.

misawanâcihtâwak sakâwa, misawanâcihtâwak kwâskwêpicikêwin, kipahamok sîpîya tâskoc askiy.

mihcêt pisiskowak ati mêstinêwak, askiy ati mêscipayin.

pîtosi ayisîniwak itwêwak ê takahkihtahkik tahkâyâw, mâka mihcêt tapasêwak kâ pipohk êsi Florida êkwa Arizona. êkosi êsi kaskihtâcik kâ tahkâyak.

pîtosi ayisîniwak itwêwak ê sâkihtâcik sakâwa, mâka mihcêt namôya wihkâc itohtêwak êkotî, mâka itikwê ka nitaw mêtawêhkâsocik iyiniwak ahpô ka nitaw kapêsicik sakahk.

pîtosi ayisîniwak sâkihtâwak ta powâmisocik,
mâka awîna ôma kiyânaw tâpwê?

namôya kikiskêhtînaw.

kwêcihkêwina môniyâwak ê kwêcimicik

nikiskêmâw pêyak nâpêw Winnipeg
kikiskêmâw?

nicâpân ana iyiniw
mohawk nitêhtîn
kiya?

kîko iyiniw kîya?

kikway sihcikêwin astêw kâ wâpamiht miscâkanis
kitaskîhk?

tânsi êsi kaskihtâhk nayihtâwina iyiniwak?
tânsi ka êsi kaskihtân?

ayahk cî kwayisk ka kaskihtâhk?

âha

sohkan

okiskinwahamâkêwak masinahikêwak napakihtikohk
kiskinwahamâkêwinihk mâka niyanân
namôya nikisîwînân
kâ nîpihk
nitohtânân
kiskinwahamâtowikamikohk
ê sokotahamâhk
wâsênamâna
ê têhtamâhk
ka pihtâkowiyâhk
nisohkanân
wâpacikâtêk

kîkway môniyâwak ê kiskêmâcik iyiniwa

kîkway môniyâwak ê kiskêmâcik iyiniwa
ka sâkaskinâtâw masinahikanis
osci kâ kanâtahk askiy
ahpô iyiniw masinahikan
osci kihci okimânâhk
atiht niyanân nimâmitonêhtînân êyakwa
tâskoc acahkos osci David
mispiton tâpiskâkan
kâ poskowâcik Jews êkotî Germany
êkwa atiht niyanân
namôya nimâmitonêhtînân
kîkway

mâna kâ mâmitonêmâcik iyiniwak

môniyâwak mâna kâ mâmitonêmâcik iyiniwak
mâmitonêhtamok mâna askiy
êkwa awîna ê tipêhtahk.
kiskisowak kîkway kâ wâpahtahkik
kinwâpacihkêwina
êkwa nîsomitanaw niyânanosap cipahikanis
ispayik kiskinwahamâsowinihk

ispîhk môniyâwak kâ mâmitonêmâcik iyiniwak
mâmitonêhtamok tânsi êsi ka mâmînipitahkik
kîkwaya otayisînîwowâwa kâ kî mâyahkamisît
kâ kî kitamahâcik iyiniwak
êkwa tânsi êsi makikway ê itôtahki

iyiniwak kâ mâmitonêmâcik môniyâwa
poko ka âpacihtâcik omâmitonêhcikanowâwa

poko pihtow makîkway êhtakok êkosêsi
môniyâwak tâskoc makîkway iyiniwak

nisto ayimihâwi atimwak

tahkâyâw wayawêtimihk pihtow yôtin
atimwak kâwi takohtêwak
maskwamiya owihkwakanawâhk

cikâstêpayicikanihk ayimihâwak
pêkiskwâtamok pakosihtamowin, môniyaw manitôw
êkwa nôtinikêwin

atimwak namôya nitohtamok
cîki kotawânapiskohk ê pimisinicik
ê kîsowinahkik ositiwâwa

nitêhtîn ayimihâwak wiyâwâw

baawitigong

nistam kâ takohtêcik mistikôsîmowak
Sault Ste. Marie
ayimihâw ahtikwa cimâhêwak
ispacinâsihk

itwêwak atiht mistikôsîmowina
êkwa mihcêt Anishnabeg
âsay êkota ê mâmawâyâcik
ê mosti ôtinahkik askiy osci
mistikomâw Louis XIV osci France

kâ mâci sipwihtêcik
iyiniwak nihtatahwêwak ayimihâw ahtikwa

coureur des bois, papâmâcihowak êkwa tamâkisak

pêyak âcimowin astêw nohtâwiy owahkohtowinihk
ê kî ayâcik askiy êkotî quebec
ê mîkocik kâ pimipayihtât nâpêw osci france
êti pêyakanohk êsîkâtêk champlain askiy
ê kî otinamêyit mistikomâwa osci england

itwêwak êkîsêcik coureur des bois
wêpacîs itap
papâmâcihowak êkîsîwak
wîkimêwak iyiniwak
ayâwêwak awâsisa
ka ispayikocik tamâkisak

anihi mistikôsiwak

ikospê kâ apisci miskahk Cartier kâ kanâtahk askiy
kapê pipon ayâw
namôya wiya itasawêt

ana Marnier ahkwacôw mihcêt onâpêmwa wiyâwâw

iyiniwak isîkâtikowak "mistikwa kâ tahkonahkik"
êtimikocik ê kicikâwicik
êkwa ê kicikâw mâmitonêhtahkik

mayow iyiniwak kâ nakiskawâcik Cartier
ê miyât iyiniwak pihkasikana
êkwa mînisa minihkwêwin
kocispitamok iyiniwak
itêwak mistikôsiwak
ôki ayisîniwak minihkwêwak mihko
êkwa mîciwak mihta

tâpwê mâka

êkwa kâ sipwêhtît Cartier êkwa onâpêma
miyoskamin ispayik
iyiniwak mistahi miywihtamok

môtaskwak sôniyâwêwin

kîmôci atâwâkêsk mistahi sôniyâmôw
sâkihêw osôniyâma
pihci kotakwa kâ atâwâkêyit maci maskihkiya
nakoc ayawâk ayâwêw pihci
pihcwâkanisa kâtâwâkêyit
mâka nakoc mistahi sôniyâwêwa
paskisikana kâtâwâkêyit
mâka nakoc sôniyâw mêtawîwikamik
êkwa namôya awiyak kîkway ka kî itôtam

kâ sôniyâwâtâcik kâ tamâkisêyit
mistikimâwak pihtow kâ timâkâkisêyit
ka sôniyâwâwâtâcik ayisîniwa kâ timâkisêyit
atoskêwiyiniw nâpêw osci kâ timâkisêyit

wihtikowak kâ kitâcik wâskahikana
asakaya osci okâwiymâwak
awâsisak osci pîtosi ayisîniwak

pêyakwiyiniw osci kâkikê iskotêhk
êkota ôma kâ nipicik kâ pasikôcik
kâ nipit pimohtêw atâwâkâtisosk
ê pasikôpitâcik watônâkosa timâkisa
osci kâ timâkonêki wâskahikana
êkwa kihkwahâskan mêskanawa

awîna nîkân ka nipôw?
awîna osôniyâmôw ôta ka nipit?
mêkwâc?

ôma timâkîsowin tipahikan
êkwa itohtêwin kîkway ispitamihk
mistowinâkwahk
kîkway ka astêk tastawâyihk kaskâpahtêw
êkwa wâwaskopayik
maci nâtawihawêw
osci kâ pikopayit

ni ayâwâw kisôniyâm
ni ayân kisâkihitowin
pêtamowin nisâkihitowin

kihkawita osci atoskêwin

ki mêstinênow tipahikan ê kakwê osihtâyahk
kîkway osci makîkway
makîkway ispayin sôskwâc
têpiyâhk kihkwahâskan

pokîkway kâ itôtamahk mêscipayin
ohtowipoko
pokîkway kâ itwêyahk waniskisitotamihk
pokwâwiyak askihk
pokîkway kâ sâminamahk poni pimâtan
pokîkway kâ kî mîciyahk
môkâtêw askiya osci

kiyânan ôma mîcowina osci môhcêsak
êkwa maskosiya
ôta ki ayânow

mayow nakiskawaci manitôw

mayow nakiskowaci manitôw wihtamowâhkan
kiya atawîyiniw
wihtamowâhkan ê sohki atoskiyin
êkwa Hollywood ê osihtâcik kinwâpahcikan
osci êyakwa

wihtamowâhkan ê ayamihtâyin
kahkiyaw omasinahikêwina
kâ nihciwîpinikâtêki tahto ayimihâwi kîsikâw
tâskoc mahtâwi masinahikina
mâci nîkân apîyin ta wâpamat Jesus Christ Superstar
êkwa ê kinwâpahtaman mitâtaht itasawâcikêwina
itêhtaman ka kî kahtinahk anima Academy Award
osci kâ mistihkwaswât mîtosa

wihtamowâhkan namôya kotakwa ê ayâwacik
ayimihêw stamâkanak
mâka sihkîpayis, wâskahikan
ê masinahikêyin wâskahikan
êkwa Canadian ayimihêw stamâkan
namôya ê tapwihtaman pakâsimowâkana
têpiyâhk anihi kâ mistâpâkohtâyin kâ pokwâtaman
êkwa anihi ki ayimihâw pakistawayihowiyin

wihtamôw ê ayâyin ê misâk sîpihkwâk wâpahcikan
osci nîso ispatinâwa êkwa mwâc
pêyak Celine Deline nikamowin

wihtamowâhkan ê miyat pêyak nâpêw sôniyâwa
kâtâwêt mînis minihkwêwin

wihtamowâhkan ê sâkihtâyin McD
êkwa McD ê sâkihisk
êkosi êsi takohtîyin êkota

êkwa kaya ka waniskisîyin ta masinahahk
ki ayimihâw masinahikan

mitêskanihk tihtipipayik

namôya ka sipwîyânow ôta osci nipiyahki
namôya ka sipwihtânow askihk nipiyahki
nikinâhk anima
nayistaw êkosi êsi
nayistaw anima ka ispayin
nayistaw

Jesus namôya kâwi ka takohtêw
osci ispimihk
misatimwa ka tihtapôw
ka pê kwâtakihât ostêsa
osci atâmaskihk
ka paspêhisk osci kikway kâ nohtê
paspihkowiyin osci

Allah namôya ka pêtâw kimowan
ahpô kisêwâtisiwin
namôya ka wâpahtên kîkway kâ kî itôtaman
ahpô kâ nitawêhtaman

anima pônipayin ka takopayin
tâskoc kâ takopayik osci
kâ nipicik
namôya ka pasikowak
pihtow ê tâpowakihtaman
namôya tâpwê ispayin
kâ macâtisicik askihk pihtwêwak
pêyakwan
paspêhihcik

ayiwêpin
kâ nipicik namôya ka pasikowak
askiy ka kanawêmikowak
ôma wâskahikan makîkway wâskwatawênikan
tâpitaw ka ispayin
êkosi êsi anima askiy
êkosi êsi
kîkway namôya ka kî kiskêhtîn
ki tâpowakêhtîn

askiy ê mêskocipayik

ayisîniwak mâmawi nîpowak
anihi kimowan waskwaya
makîkway pêyahtikêmowin
ahpô nipâwin

mâsakonamok kimowan
osci kâ kitocik
ka mêskocipitamok askiya

ôski wiyawiwêwin

ôski nikamowin

waniskâpita nitê
êkwa minihkwê

kîkway ê itôtâskik?

kîkway ê itôtâskik?
kîkway ê osîskik?
ôma kîkway
makîkway
mistêhtâkwak
mêskanawa
namôya ê miskâhkik wîkowiniwâwa

tântê ki ayân mêkwâc?
kihkwahaskâna
ayahcîniwak
kâ nipahikocik

sîpihkwâw wâskahikan
osâwâw pêyisîsak sipwêyâwak
pihtâkwan kîkway
pasakwâw
makîkway
isinâkwana
kîkwaya
makîkway
aniha

kîkway ki pihtên?
nitawihtâkwan
tipahikan osci
mêskocipayin

tâpowakihtamowin ka nipahikon

pêyisîsak itêhtamok namôya ê kaskihtâyahk
ê pimiyâyak
kinêpikwa môkowak
kinosêwak itêhtamok namôya ê kaskihtâyahk
ê pakâsimoyahk
mistâpâkwêwak kinosêwak
kinêpokwak itêhtamok namôya ê kaskihtâyahk
ê pimahtawiyahk
môkowak ayikisak
ayikisak itêhtamok namôya ê kaskihtâyahk
ê nikamoyahk
môkowak kinosêwak
kamâmâkohkânak itêhtamok namôya tipiskâw pîsim
ê wâpamâyahk
nipowak kitahtawê pihtow êyakwa
nâpêwak tâpowakêmêwak manitowa
nipahikowak manitowa pihtow êyakwa

niwâskahikanihk

niwâskahikan ôma
waskawêw anima
tâskoc yôtin
niwâskahikan ôma
ôta ni ayimihonân osci kiskêmisowin
nîkânêwina
êkwa sohki sîpiya
ni miyonipân tâskoc awâsis ôta
okâwiya ohpimê
namôya kiskêhtam
niwâskahikanihk
kâ tipêhtahk tipêmâw
êkwa kâ tipêmiht tipêhcikêw
niwâskahikanihk
pâskasikana âstâsowihk astêwa
niwâskahikan asakay oscihcikâtêw
ekwa namôya acahkosa nitonawêw
ôta nimîcison
nipân
ni atoskân
niwîkin

nikiskêhtîn ôma askiy

askiy ka êsi pîkiskwâtamihk

mahtâwan askiy
naystaw ôma êkosi êsi
kiya ôma ayacîniw êkota
nayistaw ôma êkosi êsi
nikâwiy apihkâtam nîscikâsa
pihtow ê sâkihit

nika wihtamâtin kîkway
namôya ê kiskêhtaman
êkosi ôma êsi pîkiskwâtaman askiy
nitohtawânân askiy
pîkiskwêw
mêscipayinwa
nikamôw

nisakay kîkâc isinâkwan askiy

nisakay kîkâc isinâkwan askiy

nipimâtisiwin
wâskwatawêpayin
osci iskocêsa ayisîwinâhk

nitwêwina ohi ayipihkês ayapiya
kâwi oscihtâhk
ayisîwinâhk

kâ mihko nâkwahk askiy
nikamôstamâk

mistikwaskihk matwêhâw

ôma matwêhâw
matwêhâw
matwê mistikwaskihk, misawiy pokîkway
ka sîkihtâsohk iskwêw otay
osihtâ pokîkway
êyakwa ôma matwêhowin
matwê mistikwaskihk
matwêtâ pokwêtî

ôma yôtin yahkahêmakwan
acohkosak êkwa pîsimwak
pêtâwak wâskwatawêw
osihtâwak
wâwiya
awa mistikwaskihk
kâ osihtât pokîkway
nîmihitohk askiy
osci sisonê iskohk iskêyâcimihk

ê pitâhk ôma pônipayin
pîtâ ôma pônipayin

pâmâcihosk

misikâmî pâmâcihohk awa ahtahk
wâskâpayin
waskwatawêw awa ahtahk
wâskâpayis wâskapayôw
wâskwatawêw
mâmâskâts kimîkon
kâwi kahkiyaw kisîkon
ôtî pîtohtê
pâmâcihosk

pîkiskwêwinis

itwêwina pihtâkwan kitônihk
ê pihtamahk
mêskocipitahk wâskwatatawêwin
ê yahkipayik tipiskâw
îhîhk tipahikan
êkwa ê matwêhak ni asiniy mistikwaskihk
nikamot asamîna
kotak kîkway osihtâhk
asamîna êkwa asamîna ê nôkosit
nitomin asamîna
ki oscihcikêwinihk
pihtâkwan sapîkahamihk mihkwâw
osci asiniy
ohpipayin

astêw sohkan

napîkinam kîsik
nikamôw nikamowin
ahkami itôtam
kîsiwâw o îhîyon

astêw sohkan
o tohtôsimwa pâkipaywa
niya osci
wawêwak
wawêyi

astêw sohkan

osihtâhk kîkway

êta nâpêwak kâ nîpowicik kihci kamik
cipahtipayiwak
iskwêwak itwahikêwak
êkota kâ sohkâtisik
êta kihci kamikwa kâ pîkiskwêcik
askiy ka nitohtam
sâmina
askiy ka osihcikâtêw

askiy nika tihtipitên

ni tihtipitên askiy
êta nohkomok
ka itôtahkik
ni tihtipitâwak ayisîniwak
ni tihtipitâwak mihcêt ayisîniwak
askiy nikamôw
kayâsi kiskêhtamowin
nikamôwistamâkon
niwâtihkân nicihciya osci
askiy matwêpayow
nicihcîhk
nimihkohk
nipihtîn matwêtâwan
nitihtipitên askiy
nitihtipitâwak ayisîniwak
askiy nikamôw
itwêw
nitihtipitâwak ayisîniwak

ayimihêwikamik

âskow
nohtâwiy wîkiwahk
kâ tipiskâk
ohpin kâ pêwahtikwahk
kipihtawâwak mahikanak
nikamocik
miskawêwak manitôwa

mostosak mâmitonêhtamok

mostosak mîciwak miyoskamin maskosiya
pîcikwâs mîtos
samakiskâsowak
sisône pêwâpisk pîminahkwân mînikanihk
osôsiwâwa waskowîpinamok
katêtahwâcik ôcêsak
samakiskwâsowak
sisône kistikîwînow omâmitonêhcikana
nîsta mîna

nâpêw mâmitonêhcikan
namôya wihkâc kiskêhtam
kîkway
pîcikwâs mîtos kiscikânis
ê spakosit

kîkway osihtâhk kimowan

ninîmîhton kikimowanihk
êyakwa nimiyosîhkon
ninîmîhton
nimîywâtên
osci wâpikwaniya
wâpikwaniya
êkwa wâpikwaniya
aniha mohcêsak nîmîhtowak
pihpihcowak miyowâtamok

kimiyowâtênow
sâpipêw
kinîmihtonow
ôma kimowan

wêpac kîkisipâyâw

kâ koskonîn
asiniy waciya kâ nihcipayiki
kiskisowin osci askiy pimâtisiwin
kâkikê
nipâwin ka omisokon kimiyonâkonihk
kiwiyâw ka mayipayin
koskonîhkan pwâmayisk
tipiskâw ê sîpîkipayik
pôwâminihk
ôskan yîkicihcêsa miciminahkik
ni namôya kiskêhtamowina pasikôna
osci tipiskâw pîsimwak êkwa nipiy
iskwêw oh
iskwêwak
mitê osci askîhk
ohpina nitîyanî osci
kâmwâtamowin

mêscipayik pokîkway

wahyaw ki ayân
pokwêtî
pâmâcihohk
nîpin îhîyon namôya ayiwâk sisone
ki wîyânâhk
sâkihitowin namôya mistahi ihtakwan
êkwa pipon ka kipahan kiskisowina
namôya ka wihtam ôhi
ocîmowina
ôma kisêwâtisiwin ka
waniskisokâtêw
awa kâ nipit wiyâw

kîskwêyâw sâkihêw Delilah

niya namôya ki Samson
kâ kêsi minihkwihk mînis minihkwêwin
kâ kêsi manisaman nîscikâsa
namôya ni kaskawâcikâpowin
ki Sampson
nikâskohtin
êkota Philistine kapêsowin
nika ohpinâw kîsikâw pîsim
ka tahkopitin nipâwin misikâmiy kîya
nika âskohtin
nika samakiskâtên niwâskahakan
êkwa ni asotamowina
iskohk wâpahtamâni Gaza
namoya ayiwâk

miskawâw Aphrodite

kiya tâskoc kihcikamik
sisonê askihk kâ sohki tâwayihkêmakahk
kwâskwêpicikêwak sîkisowak
namôya nipâwak
ki pê tohtêwak kîya

papêyahtik pimisini
pîkiskwêsiwak
ni nohtê sâkihitinân

misiwêpina ni ayapiya
atâmihk kitêh
micimina ni ôsih
pihcâyihk ki nipahcikêwi micihciya

ocîmin osci
ki ahkwatin îhîyon

ôtininân
kitônihk
kiskinwahamowinân
Aphrodite nôkisôw

askiy ka ayâw itocikêwin

kî ayâwak ôta minôsak pêyakwâ
kaskatêsiwak & wâpiskisowak
misikitowak osâwmihkonâkisowak
pasikâpipayiwak
pihtow poko pêyak miskîscik ê ayât
wîkowak astâsowikamikohk akâmihk mêskanâhk
cîki kistikânikamikohk
môwêwak wâpakosêsa ahpô pêyisîsa
êkwa kotakwa kîkway kâ kahtinâcik
nôcihtowipayiwak
êkwa kâ misikitit osâwmihkonâkosit nôtinikêw
cîki kistikânikamikohk
pokwêtowa minôsa kâ takohtêyit
paskiyâkêw itikwê
pihtow minôsisak isinâkisowak tâskoc wîya
tôsci mâci nipowak
pihtow askiy ayâw
nipowina itôtamowina

makîkway minôsak ayâwak ôta
têpiyâhk pêyisîsak
pihtow askiy nitawêhtam ispayin
pwâmayisk kotakwa kîkwaya

iyinîw iskwêwak

iyinîw iskwêwak namôya pakitamok ta
kwâtakihihcik
wihpihtamok wâpikwaniya êwka waniskâwak
ê simikisicik askiy
o pahpowiniwâwa takahki
nâtawihtâwak
ahcahk

iyinîw iskwêwak namôya pakitinamok ta
kwâtakihihcik
kwayisk ka osihkok
ka kîsônikok
kitêh kiyâpic askiyâw
tâskoc sâkahikan Superior pêwâpisk
êkwa ocîmowina tâskoc pîsim wasiyâw
kitônihk mâkonikâtêk
iyinîw iskwêwak namôya pakitinamok ta
kwâtakihihcik
mâka namôya sâkihitowinihk

kistikâniwikamik

nâpêwak mitoni ayimisiwak
êkwa pâskâpowak wayawêtimihk wâskwatawêw
itohtahâwak êkotî mêskocipayinwa
niskak kâ kitocik
sipwêyâcik ahpô
kâwi wayiniyâcik
itohtahâwak osci tahkâyâw
nîpiya kâ pahkihtiki
itohtahâwak osci
sâkihitowin, pahpowin
êkwa kâ pihtâkosicik
sihkîpayisak kistikânihk
ocipitâhkik askiy
kâ ohpikihtât
pâskâpowak wayawêtimihk wâsiyâw
kâ kîsahk mispitona
êkwa mihkwâkana
osihtâw pahkêkin
kâ ohpikik tahto kîkisîpâyâw
êkwa kâ nipômakahk tahto tipiskâw
nipiy namôya kî paskiyahtwâw
mâka kaskihtâw
wâskwatawêw kâ kîwî askôhahk tahkiskêwina
osci wiyâwâw
anima waskwatawêw mihkwâkanisihk
osci wiyâwâw
mitoni takahki nâkwan

môswa mikot pakahtâhk

nîkân
nipa môswa
manisa okot
êkwa kahkiyaw kotakwa kîkway kâ wî mîcihk
kotawân osihta
mikot cîstaha
iskotêht astâ
pêyak-nîso-nisto
êkosi!
otina mohkamân
kâskaha miyawâna
manisa mikot wiyâs apisâsi
astâ wihcîkaskosiya
sîwihtâkan
askiywihtâkan (kîspin astêw)
nîkina
iskohk ôskâw
mîci
môswa ispakosi

tihtipita kaskâpahtêwina wayawêtimihk tamâkinohk

iskwêwak kwayisk astâwak tamâki kistikâniwâwa
sakâw ohpikin oskataskwak
wihcikaskosiya

nâpêwak nâtayapêwak
pakosêhtamok namôya ka pê takohtêcik pêyakwan

têpiyahk wâskwatawêw

tâskatahamok mihta osci kâ pê tahkâyâhk
atâwêwak môsiniya osci kâ pê mêskocipayiki
itasinakwana

mêscipayin

minihkwê nihtiy êkwa koskwâta waskwaya
maskimota
osci kiyohkêsak kotakihk tamâkinohk
tihtipita kaskâpahtêwina
watônâkwana micihciya
kâ kî kahtinâcik kinosêwak
osci nihcâyihk osi
kaskâpahtêw
têpiyâhk wâskwatawêw
wihtamowêw askiywa

nikamo wâwiyâhk

nitaskiy ôma nîkihk
yôtin nikamôw
nipiy nikamôw
askiy nikamôw
niya ta pimâtisiyân

ninôkisin
nikamo
kâwi nikamôstamow
aciyow
nitâsohtân
ohpimî

nimâcihtân
nikamo

ôtî itâpi

ôtî itâpi
êkwa namôya waniskisi
askiy kâ kisowâsit
ôma askiy
miyonâkwan
pipon kâ tahkisit
miyoskamin kâ ocêmowît
ôtî itâpi
nika kiskinwahamâtin nîpin ê pî sâkêwît
osci kôna
nika kiskinwahamâtin
takwâkin kisowâsôw
êkwa kiskisowina
kahkiyaw mêskocipayinwa
ôma askiy nika kiskinwahamâtin
ôtî itâpi

pihêw wihtam

pokwâwiyak kiskêhtamok pêyisisak namôya
ayamihtâwak wawêmasinahikêwina Rilke
waninêw pêyisis

nimistohtên osihcikâhk
osci waskway êkwa mîtos
nipihtên nîpiya
pahkihtiki amisk sâkahikanisihk

nikiskêhtên asinîsak
nikamowina kôna
nitêpwâtên sâkihitowin
êkwa pê itohtêw

nikiskêhtên miyoskamin
êkwa nikiskisin manitôw

nikiskêhtên kîkway ê sîkâsot

nikiskêhtên tântê yôtin îwîk

niwâpahtîn pimâtisiwin

niya poko nipimâtisiwin

pisiskowak

nisîmis ayâwêw nîso wâposa
Xiomara êkwa Wilbur
kanawêmâwak wayawêtimihk
pihcâyihk kipahikanihk
onâpêma osihtamowât

pêyak pipon tipiskâw
nipahâskacowak
nimiskawâwak kîkisîpâyâw
nipihtikwahâwak

nisîmis pahkwanêw êkwa kanâcihêw
pihtow namôya ê kiskêhtamâhk kîkway
ka itôtawayahkik
nimowânânak
wâposi mîcimâpoy

ê kî kinawêmâyahkik
pisiskowak anihi
ni pêtamowânân nohkom wayân
êkwa nitêhtên
nisîmis kiyâpic ayâwêw astisa

nikistikân

nipêhon ôta kistikânihk
kinwâpahtamân wâpikwaniya ê nipômakahki
waskwatawêw mîna

âmôpêyisisak mîcisowak
nohkwâtamok iskwêyâc sohkâs

pimahcawêsak pimahtawêwak
askôhamok wâpikwaniya
ayikisak askôhkowak

manicôsak tihtipitamok askiy
wâtihkêwak êtî kâ nitawêhtahkik

waskwatawêw ohpinam pokîkway ôta
nipêhon ka ohpinikowiyân

sîpiy pimiciwan

sîpiy namôya cikâwipayin ôta
ahpô kâ pipohk ayisîniwak apôwak sisonê
ê kinwâpahtahkik nipiy kâ pimicowahk

sîpiy pimiciwan pokwêti
asinîhk pimiciwan
nikamôstamowêw askiya

nipiya pimiciwana
kîkway mâsihkâtam nipiya?
kîkway mistâpâkwaham pakahtêw nipiy

nikamowin namôya kâ pôyômakahk

asiniyak kâmwâtapowak

iskotêw ocêsak

pîkiskwâtêwak asiniyak tâskoc
ê pîkiskwâtâcik kâ nipêt
têpiyâhk kâ wâsiyâyit
nikamôstamowâcik askiy
osci kaskâpahtêwa
êkwa waskawêwin
kîkway anima ka ayisîniwihk
pihcâyihk
nikamowin
kowacôw
kîkway anima osci kâ pimâtisicik?
têpiyâhk iskotêw ôcêsak kiskêhtamok
wiyâwâw akihcikêwak
acahkosak
wiyâwaw poko kiskêhtamok akihcikana

ohtâwiymâw okosisa êsi

kâ môsihtâyin pokwâtitâtowin kiskisi sâkihitowin
kâ môsihtâyin wânîhtamowin kiskisi nistotâtowin
kâ môsihtâyin kipohtowin kiskisi pakitinikowisin
kâ môsihtâyin nipowin kiskisi pimâtisiwin
kâ môsihtâyin mâtowin kiskisi pahpowin
kâ môsihtâyin nôtinikêwin kiskisi pêyahtikêmowin
kâ môsihtâyin pakicêwin kiskisi micimikêwin
kâ môsihtâyin tipiskâw kiskisi kiwaskwatawêwin
kâ môsihtâyin wiyahkwêwin kiskisi kâkîsimowin
kâ môsihtâyin tîpwîwin kiskisin pîkiskwêsin
kâ môsihtâyin pâskâpowin kiskisi kâ miywâsik
pihcâyihk kiya

niwîkin êkota tâwayihk askiy

ôma tâwayihk cîpâyôwisimowin
niya nîsomitanaw ayisîniwak
nikiskêhtîn
tântê mistikwaskihk ê ayahiht
pwâmayisk môniyâw êtakohtêt
nikiskêhtîn pokwâtotâtowin
mâka namôya nikiskisin êyakwa
nikiskisin pwâmayisk môniyâwak êtakohtêcik
wâtihkâtihk mistikwaskihk
nikiskêhtîn kîkway namôya ê kî tâpowakihtaman
niya nîsomitanow ayisîniwak
nikiskêtîn ôma askiy
nikiskêmikon
tâskoc askiy kâ kiskêmit

osci itwēstimākēw

Randy Morin okiskinwahamākēw, ācimowīyinōw, ēkwa itwēstimākēw akayāsīmōwinihk ēkwa nēhiyawēwinihk osci mistahi sīpīyihk, nikotwāsik tipahamātowin askīy. kaskihtamāsōw kihcikiskinwahamātowikamikohk bachelor of arts masinahikan īyiniw kiskinwahamāsowinihk ēkwa bachelor osci kiskinwahamākēwin. wītahpisōstam masinahikēw itwēstamākēwinihk osci kā kanātahk askīyihk ēkwa nakacihtāw ta itwēstimākīyit osci akayāsīmonihk ēkwa nēhiyawinihk masinahikanīwinihk, kitohcikanihk, ēkwa cikāstēpayicikanihk. mitoni sākihtāw ēkwa cihkēstam nēhiyaw pīkiskwēwin ēkwa nēhiyaw sihcikēwinihk ēkwa mēkwāc kiskinwahamāsōw kihcikiskinwahamātowikamikohk Victoria, BC ta kiskinwahamowiht īyinīw pēkiskwēwina ta pimācihtāhk.